So lebt

Wien

Der perfekte Ratgeber für Ihren unvergesslichen
Aufenthalt in Wien inkl. Insider-Tipps
und Packliste

Marlinde Waldkirch

✈ INHALT

Das erwartet Sie in diesem Buch

Ein außergewöhnlicher Städtetrip in eine einzigartige Stadt. Das kann nur mit der richtigen Hilfe gelingen. Vor allem dann, wenn die Stadt für Sie gänzlich fremd ist – zumindest bisher. In diesem Buch möchte ich von Beginn an darauf hinweisen, was diese Stadt so besonders macht. Sie sollen wissen, worauf Sie sich in Wien einlassen und warum Sie die absolut richtige Städtewahl getroffen haben. Deshalb startet dieses Buch mit einem Überblick über die bewegte Geschichte der Stadt Wien.

Auf diese Weise können Sie die Pracht der Gebäude und deren geschichtlichen Hintergrund besser einordnen. Und hoffentlich gelingt es mir dadurch auch, Ihre Neugier zu wecken und Sie zum Besuch einiger sehenswerter Museen der Stadt zu bewegen. Langweilig wird es selbst bei der Geschichte an keiner Stelle werden, das kann ich versprechen. Nach dem Ausflug in die Geschichte Wiens habe ich diverse Sehenswürdigkeiten für Sie herausgesucht und werde diese vorstellen. Darunter befinden sich natürlich die Dauerbrenner, aber auch ein paar Speziellere. Ich garantiere Ihnen – diese haben Sie, wenn Sie sich bereits auf den Urlaub vorbereitet haben, sicher noch nicht auf Ihrer Liste stehen. Während Ihres Aufenthalts in der zweitgrößten deutschsprachigen Stadt werden Sie den Alltag der Einwohner kennenlernen und sich nicht nur mit den typischen Touristenattraktionen, die Sie auf jeder Postkarte an Ständen vor dem Stephansdom finden, zufriedengeben müssen. Speziell über Klischees, Wortgebräuche der Wiener und das Nachtleben möchte ich aufklären und diverse Anregungen geben. Im Anschluss daran erhalten Sie noch verschiedene Informationen zur Anreise, zur Mobilität in der Stadt und zu

Unterkunftsmöglichkeiten. Und natürlich informiere ich Sie auch über die typischen und untypischen Restaurants, die ich teilweise bereits persönlich testen durfte. Ich hoffe, Sie werden genauso viel Spaß beim Lesen und Entdecken haben, wie ich beim Verfassen dieses Buches hatte.

Wiens Geschichte kurz & knapp

Nur wenige Jahre nach Christus wurde Wien von den Römern als Reiterlager genutzt. Diese nannten es vorerst "Vindobona" nannten. Schon damals war die Stadt ein wichtiger Warenumschlagplatz. Besonders in der Zeit um 200 n. Chr. erlangte sie große Bedeutung. Die Überreste der langen römischen Ära sind auch heute noch in der Innenstadt zu erkennen. Speziell der alte Mauerverlauf und die Straßen des 1. Bezirkes sind gut erhalten und erinnern an ein sich in Wien befindliches Militärlager der Römer.

Erst 1135 verloren die Römer die Stadtherrschaft an die Babenberger unter Leopold lll. Trotz wirtschaftlicher Blüte unter der Macht der Babenberger wurde Wien 1278 von den Habsburgern übernommen. Es folgte eine sechshundert Jahre dauernde Herrschaft. Maßgebend für diese Zeit waren die erste (1529) und zweite (1683) Türkenbelagerung der Stadt Wien, die allerdings beide scheiterten. Unter deutscher Hilfe gelang die Befreiung im Jahr 1683, nachdem bereits der damalige Bürgermeister an schweren Verletzungen gestorben war.

Es folgte das Ende des Heiligen Römischen Reiches im Jahr 1806 und weitere schwerwiegende Kriege, unter anderem der siebenjährige Krieg (1756-1763) und die Napoleonischen Kriege (1800-1814). In den friedlichen Zeiten erstrahlte Wien als Handelsmetropole, der Barock und Rokoko sind auch heutzutage besonders in der Innenstadt zu bestaunen. Sie gelten als Inbegriff für die Blütezeit und die Wirtschaftskraft des alten Wiens.

Der Erste Weltkrieg betraf Wien nicht direkt, sorgte allerdings für Versorgungsengpässe vor allem bei Nahrungsmitteln und Kleidung. Nach Ende des ersten Weltkrieges wurde Ungarn von Österreich unabhängig, die österreichisch-ungarische Monarchie löste sich auf. Daraus entstand die Republik Österreich, die - noch ohne das Burgenland - eine sehr kleine Staatsfläche vorweisen konnte. Innerhalb der Republik konzentrierte sich ein Großteil der Bevölkerung auf die Hauptstadt Wien, deshalb wurde Wien im November 1920 in dem größtenteils noch heute gültigen Bundesverfassungsgesetz zu einem eigenen Bundesland erklärt.

Durch den von Adolf Hitler angeordneten Einmarsch der deutschen Wehrmacht im März 1938, vor Beginn des Zweiten Weltkrieges, schloss sich Österreich dem Deutschen Reich an. Dieser Anschluss hatte eine Degradierung Wiens zur Folge (von jahrelanger Hauptstadt zu einem Reichsgau von vielen im Deutschen Reich), die für die Einwohner nicht hinnehmbar war. Deshalb entschied man sich für einen Kompromiss, der Wien durch eine Eingemeindung vieler Umlandgemeinden zur flächenmäßig größten Stadt des Deutschen Reiches werden ließ.

Die Judenverfolgung während des Zweiten Weltkrieges verkleinerte die Anzahl der in Wien lebenden Juden von etwa 200.000 Personen vor dem Krieg auf rund 5000 Personen im Jahr 1946. Davon konnte ca. 120.000 ins Ausland fliehen. Die meisten derjenigen, die es nicht ins Ausland schafften, wurden in Konzentrations- und Vernichtungslagern ermordet. Heutzutage erinnern verschiedene Museen und Mahnmäler an die Judenverfolgung, unter anderem das Shoah- Mahnmal am Judenplatz 8, das sich unmittelbar daneben befindliche "Museum Judenplatz" und das "Haus der Geschichte Österreichs" auf dem Heldenplatz. In diesem gibt es natürlich auch Ausstellungen zu den anderen in diesem Kapitel angesprochenen Epochen.

Auch Luftangriffe erreichten die damals flächenmäßig größte Stadt des Deutschen Reichs. Zur Abwehr wurden zuvor sechs Flaktürme zur Fliegerabwehr gebaut. Von diesen sind heute noch einige als Erinnerung erhalten, beispielsweise im Augarten. Beim ersten Luftangriff im März 1944 wurde durch US-Bomber rund ein Fünftel der Stadtfläche zerstört. Vor allem die Verkehrsinfrastruktur, die Albertina und die Staatsoper wurden in den darauffolgenden Angriffen zerstört. Die Einnahme der Stadt Wien vom 11. bis 18. April 1945 forderte insgesamt knapp 20.000 Todesopfer auf deutscher Seite, sowie weitere 20.000 auf Seiten der Roten Armee.

Insgesamt wurden durch den Zweiten Weltkrieg 41 % aller Gebäude in der Stadt zerstört. Hinzu kamen fast alle Brücken über den Donaukanal, alle Brücken, die über die Donau führten, sowie alle Bahnhöfe. Ein Besuch im "Haus der Geschichte Österreichs" ist daher nicht nur demjenigen zu empfehlen, der bereits über umfangreiches Vorwissen verfügt, sondern auch anderen Interessierten, die gerne mehr über die in diesem kurzen Abschnitt angesprochenen Zusammenhänge erfahren möchte.

Sehenswürdigkeiten

DIE TOP 10

Im Folgenden sind die beliebtesten und für die meisten Reisen nach Wien unausweichlichen Sehenswürdigkeiten bzw. Wahrzeichen zusammengefasst. Die Reihenfolge spielt dabei keine bedeutende Rolle, denn jede aufgeführte Attraktion zeichnet sich durch ihren individuellen Stellenwert aus. Manch einer mag sich mehr für historische Gebäude interessieren, manch anderer besucht lieber die Museen. Und Sie staunen möglicherweise besonders über Erlebnisparks oder idyllische Märkte.

Der Stephansdom
Er wird oft als das Wahrzeichen Wiens bezeichnet und wird von Einheimischen kurz "Steffl" genannt.

Mit einer überragenden Höhe von 136 Meter ist der Südturm des Bauwerkes nahezu überall in der Stadt erkennbar. Ein Besuch ist ein Muss jedes Städtetrips und auch am Eintritt von 6 Euro sollte man nicht sparen - für besonders Interessierte ist auch die Besichtigung des Domschatzes (5 Euro) und eine Turmbesichtigung (5 Euro) möglich. Geöffnet hat der Dom täglich von 6 bis 22 Uhr, an Sonn- und Feiertagen ab 7 Uhr. Es ist unbedingt empfehlenswert, sich vorher über mögliche Gottesdienste zu informieren. Währenddessen ist eine Besichtigung nicht erwünscht.

Schloss Belvedere

Das ehemals für Prinz Eugen von Savoyen erbaute Schloss samt Parkanlage bietet für Besucher jeder Interessensgruppe etwas. Nicht nur eine der wertvollsten Kunstausstellungen Österreich inklusive Gustav Klimts Werk "Der Kuss" im Oberen Belvedere gibt es zu bestaunen. Auch der Schlosspark allein rechtfertigt einen Besuch. Die große, liebevoll gepflegte Parkanlage wurde als Weltkulturerbe bedacht und hat ganzjährig bei kostenfreiem Eintritt geöffnet. Für Personen, die 18 Jahre oder jünger sind, ist sogar der Eintritt in die Kunstausstellung des Oberen Belvederes kostenfrei. Weitere Ausstellungen zeigen Schätze des Mittelalters (Unteres Belvedere) und österreichische bzw. internationale Kunst, Filme und Musik der Gegenwart (Belvedere 21). Unbedingt zu empfehlen ist der Kauf einer Eintrittskarte im Vorhinein, besonders wenn der Besuch am Wochenende geplant ist. Mithilfe des Online-Tickets hat man die Möglichkeit, die Warteschlange am Eingang der Museen mithilfe eines zweiten Eingangs zu umgehen und möglicherweise viel Zeit zu sparen.

Hofburg

Die Wiener Hofburg wird von Touristen aus aller Welt sehr geschätzt und gilt als sehr imposant. Sie ist der Amtssitz des Bundespräsidenten Österreichs und beherbergt zudem verschiedene Museen. Unter anderem die *Albertina*, eines der bedeutendsten Kunstmuseen der Welt, gleich neben der Hofburg im Palais Erzherzog Albrecht. Die Dauerausstellung umfasst unter anderem eine Fotosammlung, eine Architektursammlung und eine große grafische Sammlung.

Des Weiteren beherbergt die Hofburg die österreichische Nationalbibliothek, dass Sisi-Museum, welches einige sehr private Gegenstände der ehemaligen Kaiserin ausstellt, sowie die Silberkammer (Silberschätze der Habsburg Monarchie) und die Kaiserappartements der Habsburger Kaiser Franz Joseph und Kaiserin Elisabeth. Auch die Spanische Hofreitschule und der Burggarten zählen zu den Attraktionen.

Bei einem Familienausflug ist es besonders zu empfehlen, die Hofburg am Wochenende oder feiertags zu besuchen, denn die Museen bieten an diesen Tagen spezielle Führungen für Kinder an, in denen das Geschichtswissen spielerisch aufbereitet wird.

Es gibt verschiedene Sparangebote und Kombi-Tickets, die versuchen, die unterschiedlichen Interessensgebiete bestmöglich abzudecken. Exakte Informationen sind dazu auf der offiziellen Homepage der Hofburg Wien bzw. der Albertina zu finden. Es lohnt sich allerdings immer, wenn vorhanden, den Schüler- oder Studentenausweis mitzubringen. Die Hofburg hat 365 Tage im Jahr geöffnet.

Schloss Schönbrunn

Eine der wohl bekanntesten Sehenswürdigkeiten Wiens ist zweifelsohne das Schloss Schönbrunn. Es gehört zum UNESCO – Weltkulturerbe und beheimatete im Laufe der Geschichte mehrere Fürsten- und Kaiserfamilien, ehe Fürstin Maria Theresia es im 18. Jahrhundert so gestaltete, wie es jetzt aussieht. Jede Beschreibung der Schönheit des Schlosses kann nicht das wiedergeben, was das Schloss wirklich zu bieten hat. Auch ein Besuch hier ist ein wahres Muss.

Es werden verschiedene Touren durch die Schlosskapelle, die Gemächer der Kaiser und Herzoge, durch prunkvolle Gärten und natürlich durch den Schlossgarten, das Herzstück des Anwesens, angeboten. Die unterschiedlichen Ticketpreise- und Kombinationen können der offiziellen Website entnommen werden. Sie reichen von 4,50 Euro bis hin zu 40 Euro. Die Anlage hat ganzjährig geöffnet, wobei sich die Öffnungs- und Schließzeiten je nach Jahreszeit ein wenig verändern. Es lohnt sich also, sich vor dem Besuch noch einmal exakt zu informieren, wie die Zeiten aktuell gestaltet sind. Jährlich im Dezember findet zudem der beliebte Weihnachtsmarkt im Schlosspark statt, welcher außer warmen Speisen und Getränken (österreichische Spezialitäten) auch aufwendig geschmückte Hütten und traditionelles Kunsthandwerk zu bieten hat.

Interessierte können außerdem die Wagenburg besuchen, worin Teile des Fuhrparks verschiedener Adelshäuser ausgestellt sind. Diese Ausstellung gilt als eine Abteilung des Kunsthistorischen Museums. Zu empfehlen ist auch der Tiergarten Schönbrunn, welcher als der älteste, noch bestehende Zoo der Welt bekannt ist. Er befindet sich nahe dem Areal des Schlosses.

Wiener Prater

Eine wahre Besonderheit ist der "Wurstelprater", wie ihn die Wiener nennen. Ein Erlebnispark nahe dem Zentrum und ganzjährig geöffnet. Fälschlicherweise wird dieser allein als Wiener Prater bezeichnet, allerdings gehört zu diesem auch der "grüne Prater", der sich neben dem "Wurstelprater" befindet. Dieser Erholungspark bietet auf einer Fläche von sechs Millionen Quadratmeter Grünflächen, Wiesen, Teiche und diverse Wege zum Spazieren oder Joggen.

Der Erlebnispark dagegen glänzt mit dem alles überragenden, historischen Riesenrad direkt am Eingang. Es stammt aus dem 19. Jahrhundert und wurde anlässlich des 50. Thronjubiläums von Kaiser Franz Joseph I. erbaut. Weitere Highlights des Parks sind unter anderem Europas höchstes Kettenkarussell, verschiedene Freefall-Tower, sowie Geisterbahnen, Autoscooter und jede Menge Glücks- und Geschicklichkeitsspiele. Die einzelnen Attraktionen kosten je zwischen 3 und 5 Euro, das Riesenrad kostet 12 Euro pro Fahrt. Für den Eintritt in den Park muss man allerdings kein Geld bezahlen. Geöffnet ist vom 15.3. bis 31.10., meist von 10 bis 24 Uhr. Die jeweiligen Öffnungs- und Schließzeiten legen die einzelnen Attraktionen allerdings selbst fest.

Museumsquartier

Das Museumsquartier im Südwesten des Zentrums bietet eine riesige Ansammlung unterschiedlichster Themenschwerpunkte in 60 Museen. Das Angebot streckt sich von Kunst und Architektur über Naturhistorie und Weltliches. Auch Besucher, die sich für Themen wie Literatur, Medien und Mode interessieren, kommen hier auf ihre Kosten. Viele Museen bieten freien Eintritt unter 19 Jahren, auch ein Kombi-Ticket für vier verschiedene Museen wird angeboten, welches zum regulären Preis 29,90 Euro kostet. Museumsliebhaber sollten für das vielfältige Angebot mehr als nur einen Tag einplanen.

Naschmarkt

Wie es der Name bereits verrät, darf auf diesem Markt viel gekostet und probiert werden. Die Händler fordern Sie regelrecht dazu auf. Angeboten werden vor allem Gewürze, regionales Obst und Gemüse, frischer Fisch, Tee und Süßwaren. Der Markt umfasst ungefähr 160 Stände. Unter der Woche ist er von 6 bis 21 Uhr geöffnet, samstags bis 18 Uhr und sonntags geschlossen. Im Internet werden außerdem spezielle Naschmarkt-Touren von Alteingesessenen angeboten. Auf diese Weise können Kauflustige und Händler einander bestmöglich bekannt gemacht werden. Es wird natürlich auch über die Geschichte, Bedeutung und die Entwicklung des Marktes aufgeklärt. Wer an wahren Schnäppchen interessiert ist, sollte sich die Erfahrungsberichte des Tour-Leiters nicht entgehen lassen.

Karlskirche

Der auffällige Bau mit seiner mächtigen Kuppel ist das letzte Werk des Architekten Johann Bernhard Fischer von Erlach, der vor allem für seine barocke Baukunst bekannt war. Die Kirche ist römisch-katholisch und kann täglich besucht werden. Geöffnet für Besucher ist das Bauwerk wochentags von 9 bis

18 Uhr, an Sonn- und Feiertagen von 12 bis 19 Uhr. Der Eintritt von regulär 8 Euro lohnt sich, denn er berechtigt auch zur Nutzung des Panoramaliftes auf 32 Meter Höhe. Von oben bekommt man einen beeindruckenden Blick auf das Innere der Kirche in seiner Gesamtheit und natürlich auch nach außen.

Direkt nebenan befindet sich der Karlsplatz, auf dem bei schönem Wetter stets viel Trubel ist. Auch dafür empfiehlt es sich, etwas Zeit einzuplanen, um das Treiben zu beobachten.

Hundertwasserhaus

Dieses Wohnhaus entstand 1983 mit der Idee, "ein Haus für Menschen und Bäume" zu konstruieren. So erstrahlt es auch heute noch mit diversen Bepflanzungen und ist verziert mit Blumen. Der bunte und ausgefallene Stil hebt sich enorm von der restlichen Stadt ab, was die Menschen zu schätzen gelernt haben. Durch seinen außergewöhnlichen Stil wurde der aus Österreich stammende Künstler Friedensreich Hundertwasser auch über die Grenzen seines Landes hinaus berühmt. In zahlreichen Städten Europas gibt mittlerweile ebenfalls Häuser, die an seine Kunst und seinen Stil angelehnt sind. Sie können sich außerdem im Hinterhof des Hauses von weiteren seiner Werke inspirieren lassen. Besuchen Sie dazu das KUNST HAUS WIEN, welches täglich von 10 bis 18 Uhr geöffnet ist. Empfehlenswert ist meist auch die aktuelle Ausstellung, die zusammen mit der Ausstellung zu Hundertwasser angesehen werden kann. Dies kostet Sie lediglich einen Aufpreis von 1 Euro, insgesamt beläuft sich der Eintritt dann auf 12 Euro.

Wiener Rathaus

Das Wiener Rathaus erfüllt in erster Linie die Aufgaben, die ein Rathaus zu erfüllen hat, wie zum Beispiel die Einwohnerverwaltung. Aber auch die Amtsräume des Wiener Bürgermeisters und des Gemeinderates, sowie die Räumlichkeiten des Wiener Landtages befinden sich im Rathaus. Das Besondere daran ist – wie bei so vielen Gebäuden in Wien – der Baustil. Um 1850 wurde dieses Bauwerk, oft als Meisterwerk neogotischer Architektur bezeichnet, vom deutschen Architekten Friedrich von Schmidt geplant und umgesetzt. In der Nähe des Rathauses befinden sich allerdings noch weitere, repräsentative Bauwerke dieses Stils, wie unter anderem das Hauptgebäude der Universität Wien, die Wiener Staatsoper und das neue Hoftheater. Sie alle sind fußläufig vom Rathaus aus erreichbar.

Auch kostenlose Führungen durch das Wiener Rathaus werden angeboten, diese finden jeweils montags, mittwochs und freitags um 13 Uhr statt.

ERWEITERTE SEHENSWÜRDIGKEITEN UND SEHENSWERTES FÜR INSIDER

ZOOM Kindermuseum

Auf stolzen 1600 Quadratmetern können sich Kinder hier mächtig austoben. Das Erlebnismuseum ist in vier Abschnitte unterteilt: dem Ozean, dem Atelier, der Mitmachausstellung und dem Trickfilmstudio. In diesen Kategorien ist für wirklich jedes Kind etwas dabei. Es kann spielend gelernt, geforscht, entdeckt, gemalt, gebastelt und sogar ein Film gedreht werden. Ein Erwachsener darf je ein Kind kostenlos begleiten, der Eintritt kostet für das Kind jeweils bis zu 6 Euro.

Dieses besondere Museum befindet sich im bereits beschriebenen Museumsquartier und hat täglich geöffnet. Allerdings ist für das Trickfilmstudio eine vorherige Anmeldung zwingend notwendig.

Der ideale Ort für einen Familienausflug!

Donauturm

So wirklich ein Insider ist der 252 Meter hohe Donauturm auf der Donauinsel nicht, da man ihn von vielen Orten der Stadt bereits problemlos erkennen kann. Darin befinden sich ein Panorama-Restaurant auf 160 Meter Höhe und auch ein Café. Der Turm wird außerdem als Sendestation und gelegentlich auch als Plattform für Bungee-Sprünge genutzt. Den Eintritt von knapp 15 Euro ist der Turm auf jeden Fall wert, denn hier bekommen Sie einen einzigartigen Ausblick über die Stadt und die wundervolle Donau. Und auch der Wiener Prater ist durch seine Farben und das Riesenrad besonders gut zu sehen.

Auch ohne im Donauturm einzukehren, lohnt sich ein Ausflug auf die Donauinsel. Man gelangt mit verschiedenen U-Bahn-Linien unkompliziert dort hin und kann gemütlich durch den Donaupark schlendern. Von den Brücken aus kann man sich einen guten Überblick über die Lage der verschiedenen, auffälligen Bauwerke der Stadt verschaffen. Dazu ist es lediglich notwendig, an einer Haltestelle auf der Brücke auszusteigen.

Universität Wien

An der U-Bahn- und Straßenbahnhaltestelle "Schottentor" können Sie schon leicht mal den Überblick verlieren, doch es lohnt sich, einen Weg nach oben zu finden. Sie werden direkt vor dem Hauptgebäude der Universität landen. Ein imposantes Gebäude neogotischer Architektur wartet darauf, dass es betreten wird. Und auch wenn hier sonst vor allem Studenten zu finden sind, ist man als Tourist auf keinen Fall fehl am Platz. Besonders das alltägliche Treiben der größten deutschsprachigen Universität der Welt mit knapp 100.000 Studierenden wirkt beeindruckend. Dabei ist es überhaupt kein Problem, wenn Sie sich in dem Gebäude nicht zurechtfinden. Die Verschachtelung und die mächtigen Treppen sorgen auch bei den Studenten oftmals für Verwirrung. Einen Besuch ist auch der Innenhof des Gebäudes wert, welcher beispielsweise dem berühmten Universitätsinnenhof aus Oxford ähnelt, den man aus dem Film Harry Potter kennt.

An dieser Universität lernen die unterschiedlichsten Menschen gemeinsam, ob alt oder jung, ob Europäer oder Nicht-Europäer. Hier wird niemand komisch angesehen, der sich das Gebäude einmal genauer ansehen möchte oder möglicherweise nicht wie der typische Student wirkt. Diversität hat hier ein zu Hause.

Votivkirche

Wenn ein Ausgang der Haltestelle Schottentor erreicht ist, passiert es auch, dass man sich vor der Votivkirche wiederfindet, denn sie befindet sich direkt neben den Gebäuden der Universität. An diese Kirche schließt sich außerdem ein kleiner Park an, in dem man bei schönem Wetter einer Menge Studenten begegnet. Auch die Kirche ist ein neogotisches Bauwerk und zugleich die zweithöchste Kirche Wiens. Interessierte haben die Möglichkeit, in der Kirche ein kleines Museum zu besuchen, welches genauso wie die Kirche dienstags bis samstags von 10 bis 18 Uhr und sonntags von 9 bis 13 Uhr geöffnet hat. Montags hat sie geschlossen.

Das Schmetterlingshaus

Dieses Schmetterlingsparadies ist ein einzigartiges Haus, wo ca. 30 kunterbunte Schmetterlingsarten leben. Das Haus versucht, die Schmetterlinge unter nahezu natürlichen Bedingungen zu halten, was zur Folge hat, dass man bei einem Besuch nur selten alle

Arten sehen kann. Denn manche Schmetterlinge verstecken sich gern oder fühlen sich an kuriosen Orten wohl, wo man sie nicht erwarten würde. Im Herz des Hauses befindet sich sogar ein kleiner Wasserfall mit einem Teich darüber, zu dem man auf einer Brücke hochsteigen kann. Von oben erlangt man eine beeindruckende Übersicht über all die Schmetterlingsarten, die besonders gern weit oben fliegen. Da kann es schon mal passieren, dass sich ein Schmetterling auf Ihren Rücken setzt, besonders dann, wenn diesem Ihr Geruch gefällt. Achten Sie daher vor Ihrem Besuch darauf, aufdringliches Parfüm wegzulassen. Schmetterlinge haben einen ausgezeichneten Geruchssinn, den sie bei zu vielen Besuchern vermutlich gern ausschalten würden.

Eine weitere Besonderheit sind die beiden sogenannten "Puppenkästen", in denen die Entwicklung der Schmetterlinge bis hin zu ihrer Entpuppung Schritt für Schritt beobachtet werden kann. Informative Tafeln klären über die verschiedenen Lebenszyklen auf und lassen den Besucher staunen, was die Natur in Gestalt dieser wundervollen Insekten geschaffen hat.

Wichtig zu beachten sind die Öffnungszeiten.

Um zu gewährleisten, dass die Schmetterlinge optimale Lebensbedingungen haben und von den teilweise sehr vielen Besuchern nicht gestört werden, sind diese relativ begrenzt. Täglich von 10 bis 15:45 Uhr dürfen Besucher in das Haus. Zu empfehlen ist allerdings ein Besuch an Wochentagen, da es sonst recht schnell sehr eng werden könnte. Des Weiteren sollte die Jacke an der kostenfreien Garderobe abgegeben werden – Schmetterlinge mögen am liebsten warme Temperaturen bei ca. 25 Grad Celsius. Aber Achtung: Vergessen Sie Ihren Fotoapparat oder das Smartphone nicht.

Dialog im Dunkeln

Eintauchen in eine andere Welt funktioniert wohl nirgends besser als hier. Sie sammeln Ihre ganz eigenen Erfahrungen damit, wie es ist, blind zu sein. Dabei stehen vor allem Alltagssituationen wie zum Beispiel das Einkaufen gehen oder eine Straße zu überqueren, im Vordergrund. Blinde erklären und teilen ihre Lebenserfahrungen mit Sehenden. Es gibt die Möglichkeit, sich danach auf ein Dinner bei völliger Dunkelheit einzulassen. Sogenannte Dunkelrestaurants gibt es mittlerweile fast in jeder Stadt, doch die Dialoge und Erfahrungen sind etwas ganz

Besonderes. Täglich lädt das "Dialog im Dunkeln" Besucher bis 18 Uhr ein, an Wochenenden sogar bis 19 Uhr. Montag ist Ruhetag.

Außergewöhnliche Museen

Die bisher vorgestellten Museen sind in ihrem Inhalt selbstverständlich auch einzigartig, jedoch bezüglich ihrer Themenbereiche auch an vielen anderen Orten auf der Welt zu finden. Die im Folgenden kurz vorgestellten Museen sind alles andere als "normal".

Das *"Chocolate Museum Vienna"* inmitten des Praters sollte ganz nach dem Geschmack aller Schokoladenliebhaber sein. Es ist als Abenteuerreise auf den Spuren der Kakaobohne aufgebaut und bietet auch die Möglichkeit zu verschiedenen Workshops. Aber beachten Sie, dass für diese eine vorherige Anmeldung notwendig ist. Selbstverständlich darf dabei auch genascht und probiert werden!

Das *"Foltermuseum"* befindet sich stilecht in einem Atomschutzbunker des Zweiten Weltkrieges und schon der Weg zum Eingang durch die unterirdischen Gänge sorgt bei manch einem für Unwohlsein. Es wird vor allem über das Rechtssystem von der Antike bis zur Neuzeit informiert, wobei der Schwerpunkt auf dem Thema Bestrafung liegt.

Außerdem gibt es temporäre Ausstellungen, wie zum Beispiel genaue Einblicke in die Gefängnisinsel Guantanamo. Über die jeweils aktuelle Sonderausstellung sollte man sich vor dem Besuch auf der Website informieren. Besonders interessant ist für den Großteil der Besucher wohl der Abschnitt des Museums, in dem es um Aktualität der Folter in der Neuzeit geht. Dabei ist aber auch ein starkes Nervenkostüm gefragt.

Das *"Kriminalmuseum"* fordert die Nerven der Schaulustigen auf eine ähnliche Weise, wie es das "Foltermuseum" bereits getan hat. Denn auch hier geht es mitunter um Folter, vor allem aber um Straftaten und hauptsächlich um Morde – vom Mittelalter bis zur Gegenwart. Hintergründe, Denkmuster und mögliche Motivationen der Mörder werden vorgestellt. Des Weiteren wird erläutert, wie sich die Ermittlungsmethoden der Polizei über die Jahrhunderte entwickelt haben und exakte Erklärungen von ausgeübten Anschlägen terroristischer Gruppierungen abgegeben. Der Hauptbestandteil der Straftaten bezieht sich vor allem auf Österreich und Wien.

Das *"Globenmuseum"* ist weltweit einzigartig. Wie es der Name bereits verrät, sind Modelle von

Erde, Mond, Sonne und teilweise auch anderen Planeten ausgestellt. Historische und futuristische Modelle geben sich hier die Hand. Wer eine Leidenschaft für Geographie hat und den Aufbau unserer Kontinente noch einmal neu erfahren möchte, ist hier an der richtigen Adresse.

Weitere, ausgefallene Museen Wiens sind zum Beispiel: Das Esperantomuseum (Sprachmuseum), das Uhrenmuseum, das Pratermuseum und das Zauberkastenmuseum (weltweit größte Sammlung an Zauberkästen-/ tricks). Natürlich darf auch ein "Madame Tussauds" in Wien nicht fehlen. Kurz nach dem Eingang des Praters auf halblinker Seite stößt man unausweichlich auf die große Eingangstafel des renommierten Wachsfigurenkabinetts.

Friedhöfe
Besonders der Zentralfriedhof der Stadt Wien ist einen Besuch wert. Nicht nur die liebevolle und zugleich imposante Gestaltung vieler Gräber, Grabsteine und Skulpturen locken jährlich unzählige Touristen auf diesen Friedhof. Es sind auch die vielen prominenten Persönlichkeiten, die Besucher anziehen. Namen wie Beethoven, Schubert und Johann Strauss (Vater und Sohn) sollen dafür nur

beispielhaft stehen. Wenig verwunderlich also, dass auch Touren und Rundgänge angeboten werden. Den Audioguide erhalten Sie für einen Pfand von sechs Euro und die Hinterlegung Ihres Lichtbildausweises am Eingang vom zweiten Tor. Gräbersuchpläne und weitere Informationen erhalten Sie ebenfalls am zweiten Tor, im sich unmittelbar daneben befindlichen Café.

Besonders interessant und außergewöhnlich ist die Teilnahme an sogenannten Nachtführungen inklusive einer Portion Grusel und verrückten Geschichten. Sie müssen sich dazu auf der Homepage oder bei der Information am zweiten Tor informieren und anmelden, denn die Touren finden je nach Nachfrage statt.

Wer vor allem darauf aus ist, Gräber berühmter Personen zu sehen, sollte sich die Möglichkeit einer "Fiakerfahrt" nicht entgehen lassen. Diese finden von April bis Oktober statt. Unverkennbar stehen die Kutschen am zweiten Tor bereit und warten auf die spontan entschlossenen Besucher.

Den Kontrast zum Zentralfriedhof stellt der "Friedhof der Namenlosen" dar. Wer hier Namen berühmter Persönlichkeiten sucht, wird wohl enttäuscht werden, denn diese stehen an keinem der Kreuze und Steine. Bei den hier begrabenen Menschen handelt es sich größtenteils um Personen, die zwischen 1840 bis 1900 von der Donau angeschwemmt wurden und nicht identifiziert werden konnten. Der Flussverlauf weicht heutzutage allerdings von dem früheren Verlauf ab, sodass nach 1900 kaum noch Tote angespült wurden. Ein für viele magischer Ort, der zum Nachdenken anregt.

Müllverbrennungsanlage Spittelau

Jeder Wiener kennt ihr Aussehen, viele fahren täglich mit der U6 daran vorbei. Doch viele wissen nicht, wofür dieses außergewöhnliche Bauwerk überhaupt zuständig ist. Ganz einfach: Hier wird Abfall thermisch von "Wien Energie" aufbereitet. Aufsehen erregt diese Anlage vor allem durch die Gestaltung des Bauwerks, an der Friedensreich Hundertwasser maßgeblich beteiligt war. Doch nicht nur die für Hundertwasser bekannte farbliche Gestaltung lassen die Köpfe der U-Bahn Passagiere regelmäßig beim Passieren der Anlage vom Smartphone aufschauen, sondern auch der 135 Meter hohe, mit einer auffälligen Kuppel versehene Turm. Es lohnt sich, zwischen den Haltestellen "Jägerstraße" und

"Nußdorfer Straße" der Linie U6 beim Überqueren des Donaukanals einmal genau aufzupassen und sich diese abstrakte Müllverbrennungsanlage genauer anzuschauen.

Der Alltag in der Stadt

DIE BEWOHNER

Die demographische Bewegung der Stadt Wien lässt sich kurz zusammenfassen. In den vergangenen zehn Jahren ist die Einwohneranzahl stets relativ konstant angestiegen. Im Jahr 2010 lebten 1,7 Millionen Menschen Wien, im Jahr 2015 bereits 1,79 Millionen und heutzutage sind hier sogar 1,91 Millionen Menschen zu Hause. Damit ist Wien nach Berlin die zweitgrößte Stadt im deutschsprachigen Raum und die größte Stadt Österreichs, gemessen an der Einwohnerzahl. Außerdem ist sie die Hauptstadt der Republik Österreich und bildet ein eigenes Bundesland.

Bereits in der Zeit von 1910 bis 1920 erreichte Wien die Einwohnerzahl von 2 Millionen Menschen. Dem konstanten Anstieg der Demographiekurve der letzten Jahre nach zu urteilen, wird diese Grenze voraussichtlich in den Jahren 2022 oder 2023 erneut erreicht werden.

Österreich hat zurzeit knapp 9 Millionen Einwohner, was bedeutet, dass etwas mehr als jeder Fünfte davon in Wien wohnt.

KLISCHEES

Für einen gelungenen Aufenthalt in einer fremden Stadt ist es enorm wichtig, über mögliche Klischees und Eigenarten informiert zu sein, um sich bestmöglich an die Gewohnheiten der Bewohner anzupassen. Das gibt die Möglichkeit, die Reise intensiver und authentischer zu erleben.

"Die Wiener vergnügen sich doch den ganzen Tag!" - mag manch einer denken. Doch dem ist selbstverständlich nicht so. Wie überall auf der Welt müssen die Einwohner Wiens tagsüber arbeiten und sind abends oft zu müde, um sich so richtig zu

vergnügen. Den gegenteiligen Eindruck kann man allerdings schnell gewinnen, wirft man an Wochentagen einmal einen Blick über den "Wurstelprater", denn der ist stets gut gefüllt. Dass es sich bei diesen Menschen auch vielfach um Touristen handelt, scheint dieses Klischee nicht zu beachten. Des Weiteren stechen die zahlreichen Bälle heraus: Nahezu jedes Theater- oder Opernhaus lässt jährlich mindestens einen renommierten Ball stattfinden, der sich vor Besuchern kaum retten kann.

Deshalb könnte man außerdem denken: *"Alle Wiener können Walzer tanzen"*. Jedoch entspricht auch dieses Klischee nicht der Wahrheit. Trotz der vielen, gut besuchten Bälle überwiegt bei den meisten Einheimischen die gemütliche Ader. Nur selten geht man wirklich einen Walzer tanzen. Heutzutage überwiegen vor allem moderne Tanzstile, wie zum Beispiel der Disco Fox.

"Die Wiener sind doch nur beim Heurigen!" - behaupten möglicherweise einige Touristen. Oft ist der Heurigen in aller Munde, als Tourist kommt man an ihm quasi nicht vorbei. Doch was ist das überhaupt? Ganz einfach: Ein Lokal, welches ausschließlich Wiener Wein ausschenkt. Zwar bezeichnet man als den

Heurigen auch den Wein des aktuellen Jahres, aber vor allem verbindet man damit das Lokal am Stadtrand. Wien ist im Übrigen die einzige Metropole, die Weinanbau im großen Stil betreibt. In anderen Städten findet dieser hinter den eigenen Gebietsgrenzen statt. Mit 612 Hektar Rebfläche ist dieser Anbau weltweit einmalig, weshalb die Wiener Weine auch so beliebt sind. Doch wie man sich bereits denken kann, trinken die Einheimischen nicht jeden Tag Wein und entspannen beim Heurigen – das ist eindeutig ein unwahres Klischee, welches sich von der historischen und groß angelegten Weinkultur der Stadt ableitet.

"Der Kaffee schmeckt in Wien besser". Um diese Aussage zu überprüfen, benötigt man selbstverständlich ein Bezugsobjekt. Vergleicht man den hergestellten Kaffee aus Wien mit dem deutschen, stellt man tatsächlich einen Unterschied fest. Denn die Kaffeebohnen werden in Österreich anders geröstet. Nun muss jeder für sich selbst probieren und entscheiden, welche Art der Kaffeezubereitung besser schmeckt. Fakt ist jedoch: Einen "großen Braunen" in einem typisch wienerischen Kaffeehaus zu bestellen, ist etwas Einzigartiges und beruht auf jeder

Menge Tradition, die auch mich persönlich schon längst überzeugt hat. Eine klare Empfehlung gibt es daher von meiner Seite aus, vor allem dann, wenn Sie ein Gewohnheitstier sind und jeden Morgen auf Arbeit denselben Kaffee trinken – lassen Sie sich inspirieren!

"In Wien gibt es die leckersten Schnitzel." Es ist nicht notwendig, alle Schnitzel dieser Welt probiert zu haben, um behaupten zu können, dass es in Wien die Besten gibt. Denn Schnitzel bereiten die Wiener schon seit Jahrhunderten zu, verwenden dabei häufig noch die vererbten Rezepte ihrer Großeltern - und das macht die Schnitzel so großartig. Wer Wien besucht, sollte ein Wiener Schnitzel ganz oben und mit roter Farbe auf seine Restaurantliste setzen. Im weiteren Verlauf dieses Buches werden auch einige Empfehlungen zu (Schnitzel-)Restaurants folgen.

An jeder zweiten Ecke gibt es Würstelstände." Dass dieses Klischee nicht der Realität entspricht, sieht jeder Besucher auf den ersten Blick. Wiener Würstchen sind hier zwar auch beliebt, werden allerdings als "Frankfurter Würste" verkauft und sind vor allem unter Touristen heiß begehrt. Selbstverständlich gibt es auch tolle Würstelstände, die von

Einheimischen geschätzt werden, doch dazu später mehr.

"Den Wiener Dialekt versteht man nicht." Es mag sein, dass Sie manchen Einwohner nicht beim ersten Hinhören verstehen. Doch in Deutsch unterhalten können Sie sich mit jedem, der aus Wien stammt. Komplizierter könnte es dann schon eher mit Zugezogenen aus Oberösterreich werden, bei denen sogar manche Wiener nicht selten Probleme beim Verstehen bekommen. Selbstverständlich weicht die Aussprache und Betonung mancher Wörter von der deutschen ab und zahlreiche Wortneuschöpfungen, die es im restlichen deutschsprachigen Raum nicht gibt, existieren hier. Dennoch gibt es für nahezu jede der verschiedenen Neuschöpfungen eine Erklärung in Hochdeutsch. Also: Haben Sie keine Panik, auch auf Einheimische zuzugehen!

WORTGEBRÄUCHE, EIGENARTEN

Da die Aussprache sehr typisch für Wien ist und Wortneuschöpfungen viele Ausländer regelmäßig vor Probleme stellen, klärt der folgende Abschnitt über häufig verwendete Wörter auf.

Generell sprechen Wiener natürlich die deutsche Sprache, jedoch an manchen Stellen etwas abgewandelt. Das "-erl" an vielen Wortenden (vor allem aber bei Substantiven) kann als eine Art Diminutiv ("Verniedlichung") beschrieben werden. So wird aus dem Kartoffelsack im Alltag oft "a Kartoffelsackerl" oder aus einer Bank wird "a Bankerl".

Statt ein/eine als Artikel, verwenden die Wiener oft abgekürzt "a", was im Sprachgebrauch meist nicht besonders auffällt. Als Füllwort am Ende eines Satzes benutzen Wiener, aber vor allem Österreicher aus den anderen Gebieten der Republik, gern "oder" als eine Art Fragestellung, jedoch hinter (Aussage-)Sätzen. Nach kurzer Zeit fällt es einem selbst schon nicht mehr auf und gelegentlich ertappt man sich auch regelrecht dabei, wie man "oder" als Füllwort benutzt, um den Gesprächsfluss zu erhalten. Dabei fühlt es sich so an, als stünde man in regem Austausch mit dem Gesprächspartner, obwohl dem möglicherweise gar nicht so ist.

Eine kurze Übersicht wichtiger Wortneuschöpfungen für Ihren Aufenthalt:

- Der Doppler: 2-Liter Flasche Wein
- Weinderl: feiner Wein
- Beisl: Gaststätte, Kneipe
- Tschick: Zigarette ("Host an Tschick?" Hast du eine Zigarette für mich?)
- Fisch: Messer
- Baba!: Verabschiedung unter Freunden
- alzerl: wenig, ein bisschen
- hackn: Arbeit
- Haberer: Kumpel, Freund
- Trutscherl: Frau, die lästert, tratscht, dumm plaudert
- busseln: küssen
- Dudler: Jodler aus Wien, oft mit Kopfstimme
- Fiaker: Pferdekutsche

Der besondere Kontakt der Wiener zum Tod wurde bereits in den erweiterten Sehenswürdigkeiten aufgegriffen. Dieser spiegelt sich auch im Wortschatz wider, denn im Wienerischen gibt es diverse, oft makabre Umschreibungen für das Sterben. Im Folgenden ein paar Beispiele:

- Den Holzpyjama auziagn: Den Holzpyjama (Synonym für den Sarg) anziehen
- In Leffl ohgebn: Den Löffel abgeben
- Mid'n 71er foahn: Mit der Straßenbahn 71 zum Zentralfriedhof fahren
- De Potschn streckn: Die Hausschuhe ausstrecken

Über diese und viele andere, mit einem Augenzwinkern zu betrachtenden Redewendungen, gibt es diverse Bücher oder Websites im Internet. Dieser kleine Einblick in die Eigenarten der Sprache schadet Ihnen sicher nicht. Und wer weiß, vielleicht bietet sich die Möglichkeit, vor Ort mit Ihrem Wissen zu glänzen.

SOZIALE HOTSPOTS, NACHTLEBEN

In den letzten Jahren hat sich in Wien eine sehr beeindruckende Partykultur gebildet. Es entstanden eine ganze Reihe vielfältiger Clubs zum Tanzen und Ausgehen. Dabei sollte keine Musikrichtung vernachlässigt werden – hier wird wirklich jeder fündig, selbst wenn er einen etwas ausgefalleneren Musikgeschmack hat. Dennoch haben sich vor allem Clubs durchgesetzt, die Elektro und Pop spielen. Für Kenner werden viele der folgenden Locations keine Überraschung sein, da Wien auch eine Auswahl international bekannter Clubs bietet. Im Anschluss an die Clubszene werde ich etwas näher auf verschiedene Bars eingehen, die Wien zu bieten hat.

Wichtig beim Feiern, Tanzen und Trinken in Wien sind allerdings einige *Hinweise.* Die meisten Clubs haben an Wochenenden bis sechs Uhr geöffnet, in der Woche oft nur bis vier Uhr. Ab Mitternacht fahren von Montag bis Donnerstag keine U-Bahnen mehr, die nachts ja eigentlich das beste Mittel sind, günstig und schnell nach Hause zu gelangen. Dafür stehen vor nahezu allen Clubs allerdings Taxis bereit, die in Österreich, ähnlich wie in Deutschland, jedoch relativ teuer sind. Freitags und am Wochenende fahren die U-Bahnen rund um die Uhr, nachts aber natürlich seltener.

Wer unter Alkoholeinfluss in Österreich Fahrrad fährt, muss ab 0,8 Promille mit Strafen rechnen. Achtung: In Deutschland liegt die Promille-Grenze bei 1,6 Promille. In Österreich drohen harte Geldstrafen, die je nach Tatschwere von 800 Euro bis 5900 Euro reichen. Die Verweigerung des

Alkoholtests führt ebenso zu einer Strafe von bis zu 5900 Euro. Ein Führerscheinentzug ist jedoch nur bei wiederholten Auffälligkeiten vorgesehen, allerdings kann es Ausnahmefälle bei sehr schweren Vergehen geben. Diese Regeln gelten selbstverständlich auch für Leihräder, die besonders bei Urlaubern und Reisenden immer beliebter werden. Wenn man mit dem Fahrrad angekommen ist und auf der Party doch zu viel getrunken hat, sollte man das Fahrrad auf dem Weg nach Hause schieben, dann drohen keine Strafen.

Wer unter Einfluss von anderen, illegalen Drogen ein Fahrrad oder ein Kraftfahrzeug führt, verliert auch in Österreich seinen Führerschein. Übrigens: Der Besitz von Cannabis ist genauso wie in Deutschland untersagt, die Strafen dafür sind in beiden Ländern ähnlich.

U4 Diskothek

Es ist der wahrscheinlich bekannteste Club Österreichs. Aufgrund seiner großen Beliebtheit bereits in den 1980er Jahren und der großen Liste von Berühmtheiten, die hier bereits auftraten und feierten, hat sich das U4 den Status "Kult" redlich verdient. Es finden sich Namen wie Nirvana, Johnny Depp oder

Prince wieder, Falco war hier Stammgast. Der Club befindet sich nach wie vor an der U-Bahn-Station "Meidling Hauptstraße" und hat von Dienstag bis Samstag geöffnet. Sämtliche Musikrichtungen sind hier vertreten, diese variieren je nach Motto und Veranstaltung. Wie für jeden der folgenden Clubs gilt auch hier, sich vorher auf der Website über die Besonderheiten des Abends zu informieren, um nicht möglicherweise den Dresscode zu verfehlen, Musik ertragen zu müssen, die einem nicht gefällt oder die Happy Hour zu verpassen.

Flex

Auch dieser Club zählt zu den bekanntesten in ganz Wien. Bereits seit 1995 befindet sich das Flex in einem stillgelegten U-Bahn-Schacht ganz in der Nähe des Donaukanals. Das lädt die Gäste ein, während der Veranstaltung ein paar Minuten vor dem Club am Kanalufer zu verbringen. Viele schätzen diese Möglichkeit, da die Luft durch die begrenzte Raumgröße oft sehr stickig werden kann. Das Flex ist besonders durch den guten Sound bekannt und beliebt geworden. Das hat zur Folge, dass mittlerweile vor allem Drum'n'Bass-Musik gespielt wird, da die Soundeffekte und die Qualität der Lautsprecher dabei von besonders hoher Bedeutung sind. Von Donnerstag bis Samstag finden hier Partys statt, der Eintritt kostet je nach Veranstaltung in etwa zehn Euro.

Pratersauna

Die Pratersauna hebt sich deutlich von den restlichen Clubs ab. Denn statt immer ähnlich aussehenden Räumen und Floors der anderen Partystätten tanzt man hier neben Schwimmbecken in einer Saunalandschaft. Im Sommer bietet dieser Club sogar die Möglichkeit, unter freiem Himmel zu feiern. Wie es der Name bereits verrät, befindet sich die Pratersauna im "Wurstelprater", also im Freizeitpark des Wiener Praters. Von Freitag bis Samstag kann man hier vor allem zu elektronischer Live-Musik und Techno feiern, manchmal auch an Wochentagen. Aber aufgepasst: Zeitig da zu sein, lohnt sich. Die Warteschlange ist häufig sehr lang und Stopps beim Einlass gehören mittlerweile zur Tagesordnung.

Grelle Forelle

Dieser etwas besondere Club empfängt Gäste erst ab 21 Jahren. Die große Tanzfläche von knapp 1000 Quadratmetern teilt sich in 2 Floors, auf denen größtenteils elektronische Musik gespielt wird.

Besonders ist außerdem, dass Fotografieren während des Feierns untersagt ist und Veranstaltungen nur an Wochenenden stattfinden. Das lässt die "Grelle Forelle" etwas herausstechen. Seinen Namen hat dieser Club übrigens von dem einzigartigen und extra für ihn erstellten Lichtkonzept, welches immer wieder das Fisch-Symbol aufblinken lässt und ansonsten auch gern auf ausgefallene, grelle Farben zurückgreift.

Volksgarten Clubdisco

Etwas eleganter und meist auch gesitteter als in anderen Locations geht es in der "Volksgarten Clubdisco" zu. Diese Disco punktet vor allem mit der schönen Aussicht auf die Hofburg und der Lage am Rand des Volksgartens. Dazu kommt der großzügige Biergarten, in dem frische Luft geschnappt werden kann. Der Eintritt kostet für die meisten Veranstaltungen in etwa 10 Euro, man kann von Donnerstag bis Samstag tanzen gehen.

Locobar

Das "Loco", wie es von Wiener abgekürzt genannt wird, findet man vermutlich in so gut wie keinem anderen Reiseführer und ist ein echter Insider. Es ist vor allem unter Studenten beliebt und wird nur selten von Touristen besucht, da die oben bereits aufgeführte Konkurrenz enorm groß ist. Doch auch dieser kleine Club bringt seine Vorteile mit sich. Es wird hauptsächlich Pop-Musik gespielt, der Eintritt ist – anders als bei fast allen anderen Clubs – kostenlos und die Getränke enorm günstig. Das erklärt, warum Wiener Studenten so gern im "Loco" feiern. Hier erfährt man die Clublandschaft Wiens von ihrer echten Seite, das Ausgehen wird dabei nicht zu einem Event mit Lichtershow gemacht, bei der sich die einzelnen Locations regelmäßig selbst überbieten. Im "Loco" geht es um Tanzen und Spaß haben an sich – und das für den kleinen Taler.

Chelsea und The Lizard

Das "Chelsea" ist ein englischer Club, in dem nicht nur getanzt und gefeiert, sondern auch gemütlich Fußball und anderer Sport geschaut werden kann. Selbstverständlich sind hier nicht nur Engländer zu treffen, Wiener und Touristen sind herzlich willkommen und erwünscht. Vor allem Rock und Pop, aber auch Indie und Punk findet sich hier an Musikgenres.

Wer es eher kleiner halten möchte, aber dennoch auf

englische Atmosphäre, ähnlich wie im "Chelsea", steht, dem wird "The Lizard: Pub & Billards" besser gefallen. Die Aufmachung und der Musikstil unterscheiden sich kaum, jedoch ist die Atmosphäre aufgrund der Größe sehr unterschiedlich. Das kleine Lokal punktet vor allem mit Kneipen-Spielen wie Darts und Billard, die für wenig Geld gemietet werden können. Auch die Getränkepreise sind verglichen mit dem "Chelsea" ein Schnäppchen. Als Wiener oder Tourist ist man hier zwar willkommen, jedoch sollte man die englische Sprache beherrschen. Dann freundet man sich auch sehr schnell mit dem deutlich höheren Anteil an Engländern an. Tanzen und Feiern gerät hier eher in den Hintergrund, "The Lizard" ist vielmehr eine Bar als wirklich ein Club.

Nach den beiden englischen Sportsbars gehe ich im Folgenden auf weitere sehenswerte Bars ein.

Die Parfümerie

Diese unscheinbar wirkende Bar ist schon längst kein Geheimtipp mehr und wird nicht nur von Wienern besucht. Auch Touristen erhalten hier genau das, was sie sich unter einer modernen, ein wenig hippen Bar vorstellen. Gemütliche Sitzmöglichkeiten, angenehme Atmosphäre, entspannendes

Ambiente und Preise, die auch der etwas kleinere Geldbeutel als fair empfindet, werden hier geboten. Die Parfümerie verdankt ihren Namen einer alten Parfümerie, die erst zu dieser Bar umgestaltet werden sollte, dann aber doch nicht ausgewählt wurde. Den vorläufig gewählten Namen behielten die Besitzer einfach. Geöffnet hat sie von Dienstag bis Samstag ab 18 Uhr. Es werden vor allem Longdrinks und Cocktails ausgeschenkt, aber natürlich auch Bier vom Fass.

Craftmühle
Zentral gelegen und direkt neben dem Naschmarkt befindet sich die "Craftmühle", in der sich alles ums Bier dreht. Nicht nur Selbstgebrautes, sondern auch Biere aus aller Welt locken die Besucher - selbstverständlich alles vom Fass. Zusätzlich zu den unzähligen Biersorten werden auch Burger angeboten. Und diese werden mit mindestens genauso viel Liebe zubereitet, wie das Bier gezapft wird. Hier fühlt sich jeder gut aufgehoben, einfach stilecht und sympathisch.

Hammond Bar
Auch diese Bar ist längst zu einer Beliebtheit unter

den Wienern geworden. Wer auf Stil, ähnlich wie in der "Craftmühle", steht, allerdings statt Bier auch gern einen Cocktail trinkt, ist hier genau richtig. Ähnliche Wohlfühlatmosphäre erzeugt die "Hammond Bar", bereitet selbst kreierte Cocktails auf Wunsch vor, passt die Schließzeiten an die Laune der Gäste an und befindet sich zudem direkt an der U-Bahn-Station "Taborstraße". Praktisch, wenn man am Wochenende die Nacht ausklingen lassen möchte. Ab 19 Uhr ist am Wochenende geöffnet, an Wochentagen bereits ab 17 Uhr.

Fladerei Salzgries

Diese besondere Bar stellt neben hauseigenem gebrautem Bier auch Fladenbrote her, die je nach Wunsch gefüllt werden können. Wer bisher glaubte, Fladenbrote müssen wie bei den meisten Dönern aus Massenproduktion stammen, wird hier eines Besseren belehrt. Unaufgeregt und ohne unnötigen Schnickschnack bietet die "Fladerei Salzgries" täglich ab 11 Uhr ihre Produkte an und versorgt diverse Gäste, die hier auch teilweise die Mittagspause während der Arbeit verbringen. Ein wahrer Geheimtipp für Fladenbrotliebhaber und Bierfanatiker, die nur ein kleines finanzielles Budget für den Abend einplanen wollen.

Radio The Label Bar

Wer etwas Heimweh verspürt oder und aus Deutschland kommt, dürfte hier nicht enttäuscht werden. Zwar hat die "Radio The Label Bar" ihren Ursprung in Berlin, jedoch erinnert sie sicherlich auch an viele andere, heimische Bars aus anderen Regionen. Hier treffen Stammgäste, Studenten und Touristen aufeinander, die die Berliner Mischung aus Bar und Club lieben. Es ist offensichtlich, dass es in dieser Bar kein Ottakringer Bier oder Wiener Weine gibt, sondern kultige Getränke, wie zum Beispiel Berliner Luft, Berliner Pilsener oder Mampe. Selbstverständlich bekommt man in dieser Bar auch eine Berliner Currywurst serviert.

Anreise und Verkehr

ANREISE

Jeder hat individuelle Vorlieben beim Reisen, besonders bei der Hin- und Rückfahrt. Ob Sie mit dem Auto, dem Zug, dem Bus oder dem Flieger anreisen, müssen Sie für sich selbst entscheiden. Da Wien mit knapp 2 Millionen Einwohnern die zweitbevölkerungsreichste deutschsprachige Stadt ist, besitzt Wien Österreichs größten Flughafen (Flughafen Wien), Österreichs meistfrequentierten Bahnhof (Hauptbahnhof Wien), sowie Österreichs größten Busbahnhof (Vienna International Bus Station).

Je nachdem, von wo angereist wird, ist meist das

Flugzeug die schnellste Möglichkeit, nach Wien zu gelangen. Bei Pauschalreisen, besonders auf Reiseportalen im Internet, kostet der Hotelaufenthalt inklusive Flug oft ähnlich viel Geld wie dieselbe Reise ohne Flug. Außerdem muss bei Pauschalreisen jedem Reisenden ein Gepäckstück von ca. 20 Kilogramm gewährt werden. Wie üblich befindet sich der Wiener Flughafen etwas außerhalb des Stadtkerns, jedoch existiert eine bequeme Anbindung mit der S-Bahn, welche in das Stadtzentrum fährt. Mit den öffentlichen Verkehrsmitteln ist vom Flughafen aus nahezu jedes Hotel erreichbar, welches im Kreis Wien liegt.

Mit dem Privatauto ist die Anreise selbstverständlich auch problemlos möglich. Wichtig ist, darauf zu achten, dass vorher eine Vignette für die Autobahnen gekauft werden muss. Falls die Fahrtroute über Tschechien erfolgt, muss auch die Autobahnmaut in Tschechien bezahlt werden. Die Mindestlaufzeit der österreichischen Vignette beträgt zehn Tage und kostet 9,40 Euro. Sie kann auch in Deutschland oder Tschechien an allen Autobahn-Raststätten erworben werden. Die Vignette für die tschechischen Autobahnen kostet für zehn Tage umgerechnet in etwa zwölf Euro, ein Monat kostet 17 Euro. Bei einer Reisedauer mehr als zehn Tagen empfiehlt sich also eindeutig die Monatsvignette.

Des Weiteren zu beachten sind die geltenden Geschwindigkeitsbegrenzungen. In Tschechien und Österreich dürfen auf Autobahnen maximal 130 km/h gefahren werden, wobei an den meisten Stellen eine zusätzliche Beschränkung auf 110 oder 100 km/h eingeführt worden ist. In Österreich gibt es zusätzlich noch sogenannte Transitautobahnen, auf denen zu Nachtzeiten (zwischen 22 und 5 Uhr) nur maximal 110 km/h gefahren werden dürfen. Informationen darüber sind in jedem Navigationsgerät gespeichert, welches Sie besonders im Ausland unbedingt nutzen sollten. Auch innerorts verrät das Navigationsgerät, welche Höchstgeschwindigkeiten erlaubt sind. Bei Geschwindigkeitsübertretungen drohen vor allem in Österreich empfindliche Strafen.

Aufgrund umweltfreundlicher Aspekte und der möglicherweise schwindenden Konzentration während langer Autofahrten, empfiehlt sich deshalb der Fernbus oder der Zug. Insbesondere das Unternehmen "FlixBus" hat mit dessen günstiger und zuverlässiger Verbindung die "Vienna International Bus

Station" (VIB) zum meist genutzten Busbahnhof Wiens und ganz Österreichs werden lassen. Auch im internationalen Vergleich befindet sich der Bahnhof weit oben auf der Liste. Denn die Verbindungen nach nahezu überall in Deutschland, besonders nach Hamburg über Berlin und Dresden oder auch nach München sind sehr beliebt unter den Reisenden. Die Gründe? Man kann sich während der Fahrt zurücklehnen und entspannen, es werden Nachtfahrten angeboten, die besonders unter jüngeren Leuten, denen der Sitz bequem genug zum Schlafen ist, beliebt sind. Ein Gepäckstück von 20 Kilogramm ist in jeder Fahrkarte integriert. Außerdem schlägt der Preis alle anderen Verkehrsmittel, besonders überzeugt er gegenüber dem Flugzeug und dem Zug. Die Fahrt dauert dennoch vor allem aus dem Norden Deutschlands sehr lange. Das lange Sitzen ist ungesund und vor allem für etwas ältere Reisende keine zu empfehlende Variante.

Höheren Komfort bietet daher die Fahrt mit dem Zug. Mehr Beinfreiheit, die Möglichkeit, sich im Zug zu bewegen, in der Regel sauberere sanitäre Einrichtungen und ein Bistro an Board. Die Fahrt dauert – je nachdem, von wo man startet – meist etwas kürzer, manchmal aber auch länger als mit dem Bus. Die Fahrkarten sollten Sie so zeitig wie möglich kaufen, um den bestmöglichen Preis zu erhalten. Das ist frühestens sechs Monate vor Reiseantritt möglich.

VERKEHR IN DER STADT

Die "Wiener Linien" stellen den öffentlichen Personennahverkehr (im Folgenden: ÖPNV) in und um das gesamte Gebiet Wiens. Sie gelten als verlässlich, pünktlich und schnell. Es werden mehr als 100 Buslinien, 28 Straßenbahnlinien und 5 U-Bahn-Linien angeboten. Die Wiener Schnellbahnen (S-Bahnen) gehören zu den "Österreichischen Bundesbahnen" (ÖBB) und stellen neben den "Wiener Linien" einen Teil des ÖPNV-Netzes, verzeichnen allerdings den deutlich geringeren Nutzungsanteil am ÖPNV als die "Wiener Linien".

Die "Wiener Linien" beschäftigen rund 8500 Mitarbeiter, im Jahr 2019 besaßen 852.000 Menschen eine Jahreskarte, das ist fast jeder zweite Bewohner im Einzugsgebiet des ÖPNV. Sogar weniger PKW (ca. 700.000) waren 2019 auf Einwohner in Wien zugelassen. Diese Statistik unterstreicht die immense Bedeutung der öffentlichen Verkehrsmittel im Bundesland Wien.

Auch als Tourist kommt man vor allem an den "Wiener Linien" nicht vorbei. Der ÖPNV gilt als sehr zuverlässig und befördert täglich - laut eigener Aussage der "Wiener Linien" - knapp 2 Millionen Passagiere. Besonders die U-Bahnen, die auf vielen Streckenabschnitten auch oberirdisch fahren, sparen gegenüber dem Auto enorm viel Zeit. Der tägliche Weg von der Unterkunft ins Stadtzentrum oder zu anderen Zielen sollte daher so oft wie möglich mit dem ÖPNV zurückgelegt werden.

Ein Ticket ist deshalb unumgänglich, es sei denn, man leiht ein Fahrrad aus oder fährt mit dem eigenen Auto in der Stadt. Letzteres ist nicht zu empfehlen, da freie Parkplätze enorm selten sind und die Kosten für ein Parkticket regelmäßig überzogen sind, damit besonders die Innenstadt von Autos entlastet wird.

Beim Ticketkauf ist zu beachten, dass die Wochenkarte lediglich von Montag bis Sonntag gültig ist. Diese wird nach Kalenderwochen gezählt, eine Entwertung am Automaten ist deshalb nicht extra notwendig. Dies ist auch beim 1-Tages-Ticket der

Fall. Beachten Sie: Dieses gilt dieses lediglich am Tag des Kaufes von 0 bis 24 Uhr, unabhängig vom Zeitpunkt des Kaufes. Wer sich mehr Flexibilität wünscht, sollte auf das 24-, 48-, oder 72 Stunden Ticket zurückgreifen. Diese müssen vor der ersten Fahrt, meist direkt neben den Fahrkartenautomaten entwertet werden. Aber Vorsicht und gut aufpassen bei der Auswahl des Tickets: Das Wochenticket kostet nicht zufällig exakt denselben Betrag wie das 72-Stunden Ticket. Besonders achten sollte man auch auf Ermäßigungen, etwa als Schüler, Student oder Senior.

Im Folgenden eine Liste mit den gängigsten Fahrkarten-Optionen inklusive Preise:

1 Fahrt Wien	2,40 Euro
1 Tag Wien	5,80 Euro
24h Wien	8,00 Euro
48h Wien	14,10 Euro
72h Wien	17,10 Euro
Wochenkarte Wien	17,10 Euro

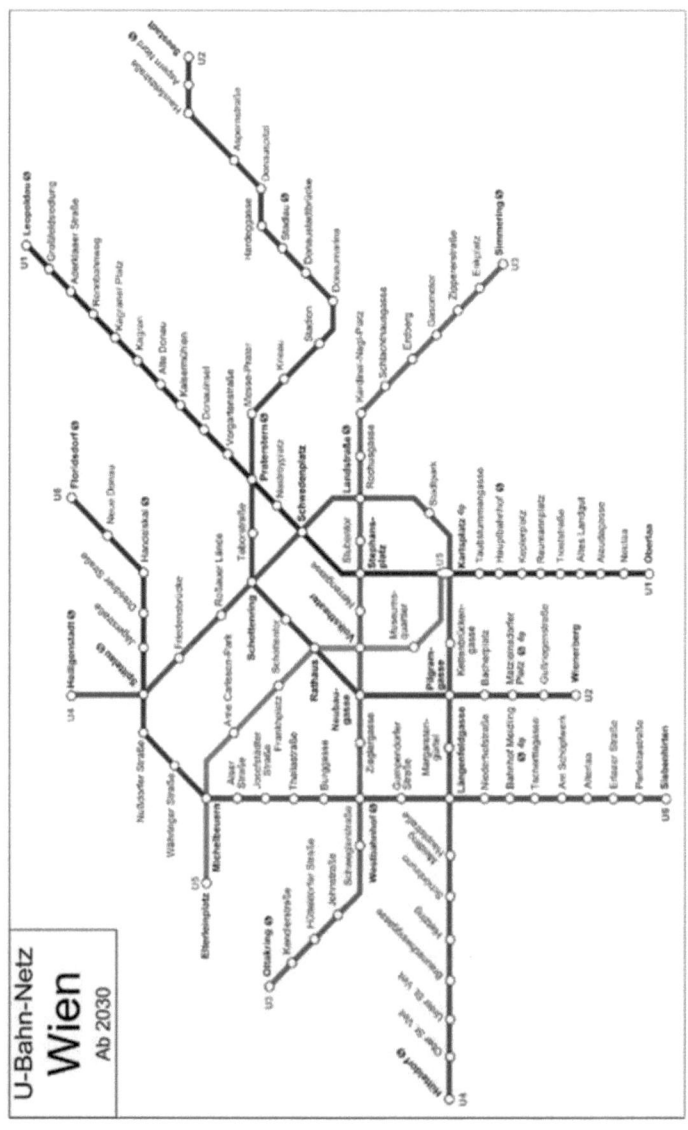

Hotels und andere Unterkünfte

D ie U-Bahn ist der schnellste Weg, um innerhalb des Stadtkerns von A nach B zu gelangen. Deshalb ist der Netzplan auf der vorherigen Seite von enormer Bedeutung, insbesondere auch bei der Auswahl des Hotels.

Die Suche nach einem passenden Hotel kann sehr aufwendig und zeitintensiv sein. Dies ist vor allem dann der Fall, wenn man sich keine genauen Anhaltspunkte setzt, wo sich das Hotel befinden soll, wie gut es bewertet sein soll, wie familienfreundlich es sein soll und wie qualitativ hochwertig das Frühstücksbuffet gewünscht wird. Schlussendlich müssen aber meistens der Preis und das Gesamtpaket stimmen. Die Präferenzen setzen Sie sich als Reisender selbst und müssen abwägen, worauf Sie besonders Wert legen möchten und in welchem Bereich Sie Abstriche machen können, damit der Preis am Ende trotzdem Ihren Vorstellungen entspricht.

Ein enorm wichtiger Anhaltspunkt für viele Urlauber ist die Lage des Hotels. Möglichst zentrumsnah wird oft gewünscht, das wirkt sich natürlich auch auf die Preise aus. Ein Tipp ist es, darauf zu achten, dass eine U-Bahn-Station möglichst fußläufig zu erreichen ist. In den seltensten Fällen dauert eine Fahrt von den hinteren Stationen einer U-Bahn länger als 20 Minuten ins Zentrum. Mit der Straßenbahn oder dem Bus kann sich diese Fahrtzeit schnell verdoppeln. Die Mobilität während eines Städteurlaubs sollte eine zentrale Rolle bei der Auswahl der Unterkunft spielen, weshalb die im Folgenden vorgestellten Hotels und alternativen Unterkunftsmöglichkeiten besonders darauf abzielen, eine gute Verbindung in das Stadtzentrum zu bieten, ohne dass diese besonders zentral gelegen sind.

Hilton Garden Inn Vienna South ****

Wie es der Name bereits verrät, befindet sich dieses 4-Sterne-Hotel nicht im Zentrum, sondern vielmehr im Südwesten Wiens in der Nähe des Schloss Schönbrunn. Es bietet alles, was für einen gelungenen Städtetrip nötig ist: gemütliche Zimmer, großzügiges Frühstück, Sport-Angebote und eine durchgängig geöffnete Rezeption. Die Lage direkt neben dem Erholungsgebiet Wienerdberg bietet optimale Möglichkeiten zur Entspannung nach einem stressigen Tag in der Innenstadt. Besonders, wenn Sie sich gern eine Ruhepause gönnen. Die U-Bahn-Station befindet sich in 20-minütiger, fußläufiger Entfernung und führt direkt ins Zentrum. Preislich bewegt sich dieses Hotel in der mittleren Kategorie.

AZIMUT Hotel Vienna **** & A&O Hostel Wien Hauptbahnhof **

Dieses direkt am Hauptbahnhof gelegene 4-Sterne-Hotel bringt höchste Mobilität mit sich. Obwohl sich der Hauptbahnhof südlich des Stadtkerns befindet, erreicht man nahezu jede Sehenswürdigkeit und Attraktion vom "AZIMUT Hotel Vienna" aus in kurzer Zeit. Ein wahrer Pluspunkt während eines Urlaubs ist, dass die Einkaufsläden im Hauptbahnhof, speziell die Supermärkte, auch an Sonn- und Feiertagen geöffnet haben. Im Urlaub ist es Ihnen sicher schon einmal passiert, dass Sie nicht genau wussten, welcher Wochentag denn gerade ist. Auch dieses Hotel befindet sich in der mittleren Preiskategorie. Allerdings bietet die unmittelbare Umgebung des Hauptbahnhofes ebenso das "A&O Hostel Wien Hauptbahnhof", welches deutlich günstigere Übernachtungen in dennoch modernen Zimmern anbietet. In diesem 2-Sterne-Hotel wird auf alles vermeintlich Unnötige verzichtet. Nur das Wesentliche soll im Vordergrund stehen und den Preis bilden. Vor allem unter jüngeren Urlaubern sind die "A&O Hostels" sehr beliebt. Selbstverständlich gibt es hier dennoch genug Einzel-, Zweibett- oder Familienzimmer, auch wenn sich das Hotel vor allem auf Mehrbettzimmer konzentriert.

Hotel Caroline Vienna ***

Das Caroline Vienna Hotel überzeugt mit der schlichten und stilechten Gestaltung der Zimmer und Lobby. Typisch Österreichisch soll sich der Gast fühlen, wofür die dominierende Holzeinrichtung sorgt. Ansonsten punktet das Hotel besonders durch nettes und hilfsbereites Personal, welches in

Rezensionen regelmäßig hervorgehoben wird. Der Standort am nördlichen Anfang des Stadtteils Favoriten befindet sich in der Nähe des Schloss Belvedere und nahezu direkt neben der "Vienna International Bus Station", an der vor allem das Fernbusunternehmen FlixBus Passagiere empfängt. Bei einer Anreise mit dem Bus sollte dieses Hotel in Erwägung gezogen werden, wenn man die umständliche Fahrt mit dem Koffer zum Hotel nach einer langen Busreise vermeiden möchte.

Novum Hotel Kavalier ***

Eine weitere günstige Unterkunft bietet das "Novum Hotel Kavalier" im Wiener Westen. Die trotz etwas Entfernung zum Zentrum gute Lage des Hotels liegt an der kurzen Gehstrecke zur Station "Braunschweiggasse" der U-Bahn U4, die Passagiere innerhalb von knapp 15 Minuten in das Stadtzentrum befördert. Wer simple und unkomplizierte Unterkünfte bevorzugt, welche während des Aufenthalts den Geldbeutel schonen, ist hier genau an der richtigen Adresse.

Doch gerade ein Städteurlaub muss nicht bedeuten, dass der Aufenthalt in einem Hotel stattfindet. In vielen Städten werden Appartements und

Wohnungen, manchmal auch einzelne Zimmer zur Untermiete, angeboten. Das sind vor allem Wohnungen von Personen, die ihren Wohnsitz nicht dauerhaft an diesem Ort haben und deshalb eine Einnahmequelle zum Ausgleich der Miete suchen. Beliebte Portale dafür sind zum Beispiel "Airbnb", "9flats.com", "HouseTrip", "Wimdu" oder auch "eBay Kleinanzeigen". Die Preise der jeweils angebotenen Unterkünfte beziehen sich immer auf eine Nacht, Mengenrabatte bei beispielsweise einer Urlaubswoche sind nicht unüblich. Enorm wichtig bei der Auswahl der Unterkunft sind Kriterien wie positive Erfahrungsberichte, das Vorhandensein einer Küche und ob noch weitere Personen zur Aufenthaltszeit in dem Appartement leben. Besonders interessant sollte diese Aufenthaltsmöglichkeit für offene und interessierte Personen sein, die auch im Urlaub kein Problem damit haben, selber Essen in der Küche zuzubereiten. Vielleicht erkennen Sie sich in dieser Beschreibung ja wieder? Offensichtlich ist, dass man mit dieser Alternative eine Menge Geld im Vergleich zu Hotels sparen kann. Ausprobieren lohnt sich!

Eine weitere Möglichkeit, Städte kennenzulernen, ist das sogenannte Couchsurfing. Hierbei bieten

Ihnen fremde Personen meist ihre Couch als Schlafplatz zum Nulltarif an. Die optimale Lösung für besonders offene und unvoreingenommene Reisende, die gern neue Leute kennenlernen. Auch in Wien gibt es dafür unzählige Möglichkeiten, zum Beispiel auf der Website "couchsurfing.org". Das Wichtige dabei ist, ein aussagekräftiges Profil zu erstellen und erste kleine Erfahrungen zu sammeln, indem man beispielsweise selber Urlauber zu sich auf die Couch einlädt. Die wohl kostengünstigste Variante, in Wien unterzukommen.

Restaurantempfehlungen

KLASSISCHE RESTAURANTS

Wie bereits im Abschnitt "typische Klischees" angeschnitten, geht es jetzt um besonders lohnenswerte Restaurants. Mindestens eine Spezialität fällt Ihnen sicher schon ein, wenn Sie bisher ein wenig aufmerksam gelesen haben: das Wiener Schnitzel.

Das Wiener Schnitzel beruht auf langer Tradition und wird auch heute noch meist nach den lang erhaltenen Familienrezepten zubereitet. Dieser Brauch sorgt dafür, dass viele Schnitzel trotz ähnlicher Zutaten individuell je Gaststätte sind. Deshalb lohnt es sich, bei einem längeren Aufenthalt auch zwei oder sogar mehr Schnitzel zu probieren - natürlich in verschiedenen Lokalen. Wer das Gericht bisher noch gar nicht kennen sollte und einen unvergesslichen ersten Eindruck erleben möchte, dem empfehle ich das Restaurant "Schnitzelwirt".

Im *"Schnitzelwirt"* dreht sich alles um den Geschmack. Auf Sie wartet ein großes Restaurant mit noch größerer Auswahl der verschiedensten Kombinationsmöglichkeiten und Zubereitungsmöglichkeiten von diversen Schnitzeln. Das klassische Wiener Schnitzel besteht aus Kalbfleisch, es werden mittlerweile allerdings – sowie auch im "Schnitzelwirt" - Schnitzel aus verschiedenen Fleischsorten angeboten, wie zum Beispiel aus Schwein oder Pute. Traditionell isst man dazu eine Kartoffelbeilage, das können Salzkartoffeln, Bratkartoffeln, Kroketten oder auch Pommes sein. Außerdem wird eine Zitrone auf der originalen Wiener Panade ausgepresst. Auf Wunsch können warme Preiselbeeren in einer kleinen Schale zusätzlich geordert werden.

Wenn Sie das erste Mal ein echtes Wiener Schnitzel probieren sollten, empfehle ich, sich auf das Wesentliche zu besinnen. Bestellen Sie eine klassische Variante wie oben beschrieben und lassen Sie sich nicht von der großen Auswahl beeindrucken. Das klassische Schnitzel mag bei den vielen

Variationen möglicherweise leicht untergehen, denn wem es auch sonst schwerfällt, neues zu testen, der kann beim Gedanken an ein mit Ananas und Käse überbackenes Schnitzel schnell schwach werden.

Das Ambiente des Restaurants ist schlicht gehalten, jeder soll sich willkommen und so familiär wie möglich behandelt fühlen, soweit das bei der großen Anzahl an Gästen möglich ist. Vorher zu reservieren ist auch wochentags keine schlechte Idee, mit anderen Gästen vor der Tür zu warten wird sonst zum Alltag bei einem Besuch im "Schnitzelwirt". Sie werden das alltägliche Wien und die typisch österreichische Atmosphäre an nur wenigen Stellen in Wien so gut kennenlernen, wie in diesem "Beisl".

Wem der "Schnitzelwirt" bereits zugesagt hat, dem wird auch das Restaurant *"Zur Reblaus"* gut gefallen. Es befindet sich direkt an der U-Bahn-Station "Taborstraße", wo sich übrigens auch die im Abschnitt "Nachtleben" angesprochene "Hammond Bar" befindet. Eine bessere Gelegenheit, Wiener Schnitzel und erstklassige Cocktails zu verbinden, bietet sich wohl nicht noch mal. Das Restaurant "Zur Reblaus" finden Sie wahrscheinlich in keinem anderen Reiseführer, genauso wenig, wie Sie dort

Touristen vorfinden werden. Die familiengeführte Gaststätte ist ein echter Geheimtipp für Urlauber, die so richtig in das Wiener Leben eintauchen wollen. Urige Atmosphäre, klassisch österreichische Küche inklusive hervorragendem Wiener Schnitzel und erschwinglichen Preisen treffen hier aufeinander. Mit Sicherheit ist dieses Restaurant nur eines unter vielen seiner Art, jedoch fällt es im Urlaub erfahrungsgemäß recht schwer, ein passendes Restaurant zu finden, welches die drei eben genannten Aspekte vereint. Womit Sie diese Suche deutlich erleichtern können und worauf Sie achten sollten, folgt in einem kleinen Exkurs am Ende dieses Buches.

Würstelstand
Laut Klischee erwarten Touristen jede Menge Würstelstände in der Stadt, an denen vor allem Einheimische in der Mittagspause ihre Wurst im Brötchen essen, die man hier übrigens "Frankfurter" nennt. Unter dem Abschnitt "Klischees" habe ich dieses bereits aus der Welt geschafft. Wer die klassischen Wiener Würstchen sucht, wie man sie von zu Hause kennt, wird in Wien natürlich trotzdem fündig. An den meisten U-Bahn- und Straßenbahnhaltestellen gibt es solche oft viereckigen, kleinen Häuschen, in

denen auf wenigen Quadratmetern jede Menge Würstchen am Tag zubereitet werden.

Ein Stand ragt allerdings heraus und befindet sich nicht, wie man es vielleicht erwarten könnte, in einer abgelegenen Gasse, die nur wahre Insider kennen, sondern direkt am Stephansdom. Der rechteckige, auffällig grüne Würstelstand *"Zum goldenen Würstel"* bietet eigene Kreationen rund um die Wurst an. Das bedeutet, dass vor allem Baguettes mit einem langen Wiener Würstel darin verkauft werden. Ob mit Ketchup, Senf, beidem oder ganz ausgefallenen Saucen im Baguette serviert wird, kann individuell entschieden werden. Hier essen schon lange nicht mehr nur Touristen, die sich den Stephansdom auf den Plan geschrieben haben, sondern auch Einheimische während einer Tour durch die Stadt oder zum alltäglichen Mittagessen. Die Preise sind fair und die Qualität hoch, anders als bei manch anderen viereckigen Ständen dieser Art. Die genaue Adresse lautet Spiegelgasse 1/Graben, der Stand befindet sich mittig und am Anfang in einer kleinen Seitenstraße vor dem Stephansdom.

Wenn Sie nach der Wurst noch Lust auf eine Kugel Eis haben, sollten Sie besonders zur Sommerzeit einen Blick linker Hand vor den Dom werfen. Normalerweise erkennen Sie dann bereits eine lange Schlange an Eisliebhabern, die auf das "Leckerste Eis der Welt" warten. Zugegeben, höchstwahrscheinlich wird dieser Werbespruch nicht der Realität entsprechen, jedoch schmeckt das Eis wirklich vorzüglich und vor allem die Auswahl ist riesig. Standort und Qualität spiegeln sich allerdings im Preis für eine Kugel Eis wider.

RESTAURANTS FÜR VEGETARIER UND VEGANER

Wien ist unter anderem bekannt für seine Esskultur, das sollte in den bisherigen Abschnitten deutlich geworden sein. Doch nicht nur Schnitzel und Würstchen zieren das Bild der Stadt, es gibt auch jede Menge Alternativen und andere leckere Gerichte.

Im Urlaub und auf Reisen kann es schwerfallen, durchgehend auf seine Essgewohnheiten zu achten und diese beizubehalten. Man hat in Hotels keine eigene Küche und manchmal auch keinen Kühlschrank zur Verfügung und ist auf die Angebote der Restaurants und Imbisse vor Ort angewiesen.

Offensichtlich lohnt es sich demnach, die aufgezeigten Alternativen unter dem Abschnitt "Hotels und andere Möglichkeiten zur Unterkunft" in Erwägung zu ziehen, um auch im Urlaub eine Küche benutzen zu können, in der man sich sein eigenes Essen zubereiten kann. Im Folgenden habe ich ein paar Beispiele zusammengetragen, die ermutigen sollen, bei besonderen Essgewohnheiten keine Scheu vor dem Essen im Ausland zu haben.

Deli Bluem
Im "Deli Bluem" können Sie passend zu jeder Tageszeit leckere, meist saisonale Speisen genießen. Besonders das All-you-can-eat Buffet zum Brunchen am Wochenende sollten Sie sich nicht entgehen lassen, wenn Sie sich für 17,90 Euro mit qualitativ hochwertigen und speziell für Veganer ausgerichteten Speisen satt essen möchten. Diese Mahlzeit wird Sie durch den gesamten Tag bringen, sodass das anstrengende Sightseeing ganz ohne Unterbrechungen stattfinden kann.

Generell ist es zu empfehlen, sich beim Frühstück im Hotel oder in einem Café richtig satt zu essen, damit man genug Energie für den Tag hat. Hunger kann das Erlebnis sehr schnell negativ beeinflussen und für schlechte Stimmung sorgen.

Swing Kitchen

Veganes Fast Food gefällig? An fünf verschiedenen Orten in Wien können Sie "Swing Kitchen" besuchen und sich schnelles Essen zum Mitnehmen besorgen. Eine weitere Besonderheit ist, dass die Verpackungen komplett plastikfrei sind und sowieso größtenteils auf Verpackungsmüll verzichtet wird. Nach einem Besuch werden Sie trotz Fast Food ein gutes Gewissen haben, versprochen. Die Restaurants öffnen täglich ab 11 Uhr.

Loving Hut

Unter Vegetariern und Veganern sollte diese Restaurantkette bereits bekannt sein, denn sie ist mittlerweile fast überall auf der Welt vertreten. Spezialisiert hat sich die Kette vor allem auf Ersatzprodukte für Fleisch und Fisch, die durchweg vegan sind. Berühmt ist sie durch ihre einzigartigen Burger geworden, die laut hunderten Bewertungen sogar besser als klassische Rindfleischburger schmecken sollen. Natürlich kann man hier auch das Wiener Schnitzel in einer Variante ohne Fleisch- und Tierprodukte probieren. In welcher Stadt der Welt ist das passender?

Vollwert Restaurant Lebenbauer

Aktuell noch etwas unbekannter ist dieses familiengeführte Restaurant, welches hauptsächlich vegetarische Speisen und Fisch anbietet. Alle Gerichte können allerdings auch vegan zubereitet werden. Die Speisekarte ändert sich ständig und bietet vor allem saisonale Qualität statt Quantität und deshalb auch zu fairen Preisen. Es werden drei Mittagsgerichte angeboten, davon je eins mit Fisch. Die vegetarischen Menüs kosten 12,80 Euro, das mit Fisch 14,80 Euro. Es lohnt sich daher, vor dem Besuch die Homepage des Restaurants aufzurufen, um die aktuelle Speisekarte zu sehen.

In Wien gibt es unzählige klassische, vegetarische und vegane Restaurants, zu denen sehr viele positive Rezensionen verfasst worden sind. Apps und Websites wie "tripadvisor.com", "yelp.com" oder auch die Bewertungsfunktion von "google.com" geben Aufschluss darüber, welche Restaurants einen Besuch besonders rechtfertigen könnten. Es ist keine Schande, sich vor dem Besuch zu informieren, ob das Lokal es auch wirklich wert ist. Es ist dennoch wichtig, eine gewisse Distanz zu Portalen und Apps zu bewahren, in denen Kunden ihre Meinung nahezu ohne Überprüfung und Regeln äußern können. Bevor Sie sich an einer vielaussagenden Bewertung orientieren, sollten Sie Folgendes beachten.

TIPPS IM UMGANG MIT ONLINEBEWERTUNGEN

1) Besonders nach negativen Erfahrungen sind Gäste bereit, Bewertungen abzugeben. Meist werden diese Kommentare emotional sehr stark beeinflusst und entsprechen nicht der Realität. Positive Erfahrungen finden seltener einen Platz in solchen Portalen, speziell wenn die Erwartungen zwar erfüllt, jedoch nicht übertroffen worden sind. Es ist daher ratsam, stets mindestens einen von möglichen fünf Sternen zuzurechnen, um ein repräsentatives Ergebnis zu erhalten.

2) Die Anzahl der abgegebenen Bewertungen beachten. Bei sehr wenigen veröffentlichten Rezensionen kommt es schnell dazu, dass das Restaurant beinahe volle Punktzahl erhält oder die Gesamtbewertung in die andere Richtung ausschlägt. Vorsicht bei der Interpretation dieser absoluten Statistiken.

3) Achten Sie auf gefälschte Bewertungen, zum Beispiel von den Restaurantbesitzern selber oder durch gekaufte Kommentare. Diese sind oft zu erkennen, indem der Kommentar übermäßig positiv ist, das Profil des Verfassers lediglich eine abgegebene Bewertung aufweist, oder das Profil sehr viele, durchgängig sehr positive Bewertungen zeigt. Die Verfälschung der Statistik durch unechte Kommentare wird eingedämmt, je mehr Bewertungen vorhanden sind.

4) Selbsttests sind immer noch die Besten! Sie persönlich haben individuelle Vorlieben und schätzen verschiedene Kriterien an Lokalen anders ein. Lassen Sie sich nicht zu stark von den Meinungen der Verfasser beeinflussen.

Herstellung und Verlag:

BoD – Books on Demand, Norderstedt

ISBN: 9783751967747

1. Auflage

Kontakt: Psiana eCom UG/ Berumer Str. 44/ 26844 Jemgum

Covergestaltung: Fenna Larsson

Coverfoto: depositphotos.com